Política Externa Brasileira
(1889-2002)

Leticia Pinheiro

Política Externa Brasileira (1889-2002)

2ª reimpressão

ZAHAR

A Gerson Moura,
in memoriam

Jorge Zahar Editor Ltda.
rua Marquês de S. Vicente 99 – 1º | 22451-041 Rio de Janeiro, RJ
tel (21) 2529-4750 | fax (21) 2529-4787
editora@zahar.com.br | www.zahar.com.br

2ª reimpressão: 2013

Capa: Sérgio Campante
Ilustrações de capa: Getulio Vargas com F.D. Roosevelt e outros na Base Aérea de Natal (1943); Jânio Quadros, Castilho Cabral e outros com Che Guevara (Brasília, 1961); Vasco Leitão da Cunha, Robert Kennedy e Dean Rusk (Washington, D.C., 1965); aspecto da FEB e do Vº Exército norte-americano durante a II Guerra Mundial; Barão do Rio Branco à porta do Palácio do Catete (Rio de Janeiro, s/d). Todas as imagens pertencentes ao Acervo CPDOC/FGV
Vinheta da coleção: ilustração de Debret

Composição eletrônica: TopTextos Edições Gráficas Ltda.
Impressão: Paym Gráfica e Editora

CIP-Brasil. Catalogação-na-fonte
Sindicato Nacional dos Editores de Livros, RJ

Pinheiro, Leticia
P829p Política externa brasileira (1889-2002) / Leticia Pinheiro. — Rio de Janeiro: Zahar, 2004.
(Descobrindo o Brasil)

Inclui bibliografia e cronologia
ISBN 978-85-7110-811-0

1. Brasil – Relações exteriores – História. I. Título. II. Série.

10-3095 CDD: 327.81
CDU: 327(81)

Sumário

Introdução

A política externa pode ser definida como o conjunto de ações e decisões de um determinado ator, geralmente mas não necessariamente o Estado, em relação a outros Estados ou atores externos — tais como organizações internacionais, corporações multinacionais ou atores transnacionais —, formulada a partir de oportunidades e demandas de natureza doméstica e/ou internacional. Nesse sentido, trata-se da conjugação dos interesses e idéias dos representantes de um Estado sobre sua inserção no sistema internacional tal como este se apresenta ou em direção à sua reestruturação, balizados por seus recursos de poder.

No plano das idéias, valores e doutrinas que orientaram a ação externa do Brasil ao longo do último século destaca-se a busca pela autonomia. Fosse como decorrência da aproximação de um dos novos pólos de poder mundial, fosse como resultado da diversificação das parcerias ou da maior participação nas instituições internacionais, a política externa brasileira ao longo do século XX foi marcada pela busca de recursos de poder que garantissem maior autonomia do país no plano mundial, mesmo quando essa estratégia parecia se traduzir — e muitas vezes de fato se traduziu — no alinhamento a uma determinada potência.

Como contrapartida dessas idéias ou, ainda, como uma de suas partes constituintes, encontramos, sem dúvida alguma, os interesses. Assim, esse período também foi marcado por uma constante que se pode resumir brevemente como a busca pelo desenvolvimento. Passando de um modelo agrário-exportador, em que a venda de produtos primários no mercado internacional se constituía na principal fonte de recursos da economia, para um projeto de desenvolvimento de caráter industrializante com forte proteção do Estado, até o período mais recente em que imperou a lógica do mercado, vê-se que ao longo dos anos a satisfação dos interesses perseguiu estratégias econômicas diferentes, mas sempre em busca do mesmo objetivo: o desenvolvimento.

Na conjugação de idéias e interesses, o que se percebe na política externa brasileira é a hegemonia de uma visão realista das relações internacionais e do papel que o país deveria desempenhar no sistema. Essa visão realista percebe o sistema internacional como anárquico, onde o Estado é o principal, embora não o único, ator no sistema internacional agindo tanto em busca de ganhos relativos, na vertente hobbesiana, quanto de ganhos absolutos, na vertente grotiana. E assim como varia a concepção realista das relações internacionais — se tributária do pensamento do filósofo inglês Thomas Hobbes ou do jurista holandês Hugo Grotius —, veremos que sua adoção pela diplomacia brasileira também diferiu no tempo e com relação à natureza das questões em pauta.

Mas idéias e interesses são resultado da interação dinâmica entre os principais atores e instituições que compõem a arena de formulação e implementação da política. No Brasil, poucos se destacaram neste processo. Isto se deve, em grande parte, à própria formação das elites dirigentes nacionais e ao lugar ocupado pela área de política externa, fortemente insulada da sociedade brasileira. De fato, a despeito dos períodos em que as instituições democráticas funcionaram de modo mais próximo a suas formulações ideais, a política externa permaneceu relativamente isolada do debate público. Isso ajuda a entender por que os partidos políticos nunca se destacaram como atores importantes no processo de formulação da política externa brasileira. Fosse pelo baixo impacto que assuntos de natureza internacional tivessem sobre a lógica da competição político-partidária, fosse pelo relativo consenso que a política externa conseguiu instituir ou fazer parecer instituir, o fato é que esta foi uma das políticas públicas mais insuladas do debate político envolvendo as agremiações partidárias.

Este livro busca explicar o conteúdo da política externa brasileira demonstrando a articulação entre as idéias e os interesses predominantes na história do Brasil desde a Proclamação da República, através da ação dos atores e instituições centrais da vida política e econômica nacional. Esta opção não exclui as variáveis sistêmicas na compreensão da política externa; ou seja, o papel do sistema internacional como definidor de limites e oportunidades para a atuação internacional de países como o Brasil não será deixado de lado. Mas, por considerar que, desde o final do século XIX, o Brasil possui razoável, embora variável, margem de atuação internacional e pode responder de modo diferenciado às pressões em função da presença de determinados arranjos domésticos, sustento que é insuficiente a investigação sobre os determinantes sistêmicos sobre a política externa brasileira para se entender seu conteúdo.

Três outras premissas orientam essa abordagem: primeiro, a implantação de um mesmo modelo de desenvolvimento não implica a adoção de uma única linha de política externa. Em outras palavras, os mesmos interesses podem ser alcançados por meio de estratégias e mesmo com base em princípios político-ideológicos distintos. Segundo, a mudança na natureza do regime político não determina uma mudança no conteúdo da política externa. Terceiro, e complementando a premissa anterior, a política externa pode ser objeto de uma profunda revisão sem que haja alteração substantiva no regime político.

Para desenvolver essas idéias, este livro está dividido em cinco seções, seguindo uma ordem cronológica com o fim de evidenciar os principais eixos da política externa brasileira, sem a preocupação de cobrir todos os eventos ou questões. O objetivo foi oferecer um relato que, simultaneamente, informasse o leitor a respeito dos principais eixos da política externa brasileira e desatasse alguns nós que a própria complexidade da nossa diplomacia se encarregou de produzir, superando visões deterministas que vêem na atuação internacional de países periféricos um mero desdobramento das oportunidades e restrições criadas pelo sistema internacional.

Desenvolvimento econômico e alinhamento político

A política externa ganha um novo paradigma. A proclamação da República (1889) não trouxe grandes alterações na política externa brasileira. De fato, pontos centrais da linha diplomática defendida pelos monarquistas, como o equilíbrio de poder na Bacia do Prata e a consolidação das fronteiras do país, foram igualmente apoiados pelos republicanos. Da mesma forma, é preciso registrar que, antes mesmo que a República se instalasse, já se discutiam alternativas para a dependência econômica brasileira da Inglaterra, para o que a opção norte-americana se apresentava como promissora, ao menos no plano comercial. Deve-se sublinhar, igualmente, que a origem social dos formuladores da política externa manteve-se a mesma, a ponto de expoentes do monarquismo como Joaquim Nabuco e, particularmente, José Maria da Silva Paranhos Jr., o barão do Rio Branco, terem desempenhado papéis centrais na nossa diplomacia após a implantação da República (Nabuco, como primeiro embaixador do Brasil em Washington de 1905 até sua morte, em 1910, e o Barão, como ministro das Relações Exteriores, de 1902 até 1912, ano de seu falecimento).

No entanto, em que pese a manutenção de importantes fatores como o próprio modelo econômico de desenvolvimento, algumas mudanças no plano internacional e na percepção das elites brasileiras sobre o interesse nacional iriam não apenas aprofundar certas tendências mas, de fato, transformá-las num novo paradigma de política externa.

Assim, embora a República tenha mantido o modelo agrário-exportador como eixo central da economia nacional, ela consolida o deslocamento do poder das elites do Nordeste para os expoentes do Centro-Sul ao reproduzir, no plano político, a transferência do pólo econômico representado pela cultura do açúcar em favor da cultura do café, principal produto na pauta de exportação do país e de enorme sucesso nos mercados norte-americanos. A transformação desse produto em principal motor da economia juntamente com o interesse dos Estados Unidos em sua aquisição ajudaria a transferir o eixo da política externa brasileira de Londres para Washington, posto que a promoção do *complexo cafeeiro* passava, na prática, a significar para as elites brasileiras a promoção do interesse nacional. E embora os capitais ingleses mantivessem uma forte presença no setor financeiro, não possuíam vínculos com a economia do café. Assim sendo, a política externa defendia a aproximação com Washington, no escopo da política de valorização do café, atendendo ao verdadeiro interesse nacional do país.

Além disso, aproximar-se de uma república e, mais ainda, da que era a mais promissora das Américas e em cujo modelo os republicanos brasileiros se espelharam, inclusive na formulação da Carta Constitucional, ajudava a jovem república brasileira a se consolidar. Nesse sentido, a prontidão com que os Estados Unidos reconheceram o novo regime brasileiro em janeiro de 1890 — a Inglaterra só o fez em outubro de 1891 — soou como inequívoca expressão de apoio e de intenção de aproximação por parte de Washington. Paralelamente, um certo distanciamento de Londres parecia mais palatável agora do que no período monárquico, quando a dependência de capitais britânicos era não apenas substancial, como também intimamente relacionada a questões de natureza política, como, por exemplo, ao apoio britânico ao Brasil durante a Guerra do Paraguai.

Embora a aproximação dos Estados Unidos pudesse ter se tornado um fim em si mesmo, ela se consubstanciou num instrumento para aumentar o poder de barganha do país quando um novo ministro assume a chancelaria brasileira. Assim, a primeira inflexão de fato na política externa brasileira pós-proclamação da República iria ocorrer com a chegada do barão do Rio Branco ao posto de chanceler, no ano de 1902.

Conhecido por haver ajudado a consolidar as fronteiras brasileiras, o Barão teve peso ainda maior na história brasileira. Através de uma concepção de caráter mais realista sobre os arranjos de poder no cenário internacional e das oportunidades colocadas para os países periféricos como o Brasil, Rio Branco deu início à formulação de uma alternativa de inserção internacional que acabaria por se constituir num verdadeiro paradigma de política externa. Como eixo central deste paradigma, a percepção de que os Estados Unidos se constituíam num novo pólo de poder mundial tendo em vista a expansão do seu sistema capitalista; além disso, sua busca por hegemonia política e econômica no hemisfério transformava o Brasil, juntamente com os demais países latino-americanos, em sua área de influência. Em vista disso, o melhor meio para o Brasil aumentar seus recursos de poder no sistema internacional era estabelecer com Washington uma relação preferencial buscando obter vantagens desta aproximação. E foi justamente o que Rio Branco procurou fazer, traduzindo esta aproximação em ganhos recíprocos, ainda que assimétricos. Surgia um novo projeto de política externa que, embora parecesse apenas consolidar uma tendência anterior à República, adquiria agora um perfil mais pragmático.

Foi assim que o Brasil pôde contar com Washington como um observador relativamente neutro como no caso do Acre com a Bolívia (1903), ainda que neste estivessem presentes interesses privados dos norte-americanos. Dessa forma o apoio dos Estados Unidos ao Brasil desencorajava qualquer intenção por parte dos países vizinhos de encetar uma negociação coletiva de limites em oposição ao Brasil, assim como, simultaneamente, estimulava as potências européias a aceitar a arbitragem como recurso para a resolução da disputa. Em contrapartida, aos Estados Unidos certamente interessava uma aproximação com a nova república sul-americana, reforçando desta forma os princípios da Doutrina Monroe, proposição, por sua vez, muito bem recebida pelos brasileiros. Na visão da elite brasileira, a doutrina formulada em 1823 pelo presidente norte-americano James Monroe, assim como seu complemento, o Corolário Roosevelt de 1904, não se constituíam em expressões do imperialismo norte-americano, mas sim em um recurso defensivo contra o imperialismo europeu. Além disso, para o Brasil, cuja estabilidade política e econômica era um diferencial em relação aos vizinhos continentais, era distante a possibilidade de sofrer uma intervenção por parte dos Estados Unidos. É bem verdade que a aquiescência do Brasil à Doutrina suscitava nos vizinhos latino-americanos suspeitas de um projeto de se tornar um co-garante da mesma na América do Sul, algo como um *gendarme* dos Estados Unidos no continente.

Não se deve esquecer, entretanto, que o fim da monarquia no Brasil facilitou a aproximação do Brasil de seus vizinhos continentais — todos sob regimes republicanos — rompendo, desta forma, com o isolamento político em que o país se encontrava. Essa espécie de *americanização* do país, que os estudiosos Amado Cervo e Clodoaldo Bueno consideram mais como um tipo de *republicanização*, se favoreceu do movimento pan-americanista que clamava por maior solidariedade e compromisso entre os povos americanos. Esse quadro não deve ocultar, entretanto, que a Primeira República testemunhou e também contribuiu para o surgimento de altos e baixos na histórica rivalidade com a Argentina. Girando em torno da competição pela posição de liderança na região, essa rivalidade levava a que Uruguai e Paraguai buscassem, de forma alternada, apoio do Brasil ou da Argentina conforme a percepção das ameaças a seus interesses. De fato, no que se refere às relações entre os países do Cone Sul o período se caracterizou como um interessante exemplo de concerto latino-americano, em molde comparável ao europeu, garantindo relativa estabilidade política continental.

Nos anos que se seguiram ao fim da gestão do barão do Rio Branco buscou-se consolidar a aproximação dos Estados Unidos. Mas um fato importante marcou as relações internacionais do início do século e iria também trazer novas questões para a agenda da política externa brasileira: a Primeira Guerra Mundial. Em outubro de 1917, logo depois da decisão de Washington de declarar guerra à Alemanha e devido ao torpedeamento de navios mercantes brasileiros por forças alemãs, o Brasil decide decretar guerra a este país e participar diretamente do conflito. Afora o patrulhamento do Atlântico Sul ao lado dos ingleses e o envio de uma unidade médica e de aviadores à Europa, o Brasil enviou uma frota de seis navios ao teatro de operações que, entretanto, não chegou a tomar parte direta no conflito, em razão do contingente ter sido em grande parte acometido pela gripe espanhola ao chegar ao porto de Dacar. No entanto, ao se qualificar para tomar parte da Conferência de Paz de Paris como país aliado e ao tomar um assento, ainda que rotativo, no Conselho da Liga das Nações, o Brasil dava à sua política externa uma projeção transatlântica, rompendo os limites da região americana.

É possível ver nesse episódio uma das primeiras manifestações de um traço distintivo da política externa brasileira. Refiro-me à percepção das elites governantes acerca de um suposto direito de reconhecimento pela comunidade internacional do diferencial do país na hierarquia mundial. Foi em grande parte devido a esta percepção — sem negar que o episódio também ilustrava um projeto pessoal do ministro das Relações Exteriores Félix Pacheco (1922-26) com apoio do presidente Arthur Bernardes — que o Brasil lutou por assegurar um assento permanente no Conselho da Liga. Essa atitude era contrária aos acertos feitos por ocasião dos Acordos de Locarno (1925), que conduziriam a Alemanha a um assento desta natureza, mas não previam a criação de mais um lugar para beneficiar qualquer outro candidato.

Mais que o princípio de igualdade jurídica dos Estados, já ampla e habilmente defendido na Segunda Conferência de Haia de 1907 pelo jurista Rui Barbosa, desta feita o Brasil reivindicava o que considerava um direito adquirido pela sua contribuição ao esforço de guerra. E, por não alcançá-lo, não tardou a anunciar sua retirada da Liga. Em seguida à decisão dos membros da Liga de designar a Alemanha como membro permanente do Conselho, o chefe da delegação, Afrânio de Melo Franco, apresentou a renúncia brasileira ao assento não-permanente que ocupava no mesmo. Dias depois, o governo publicou uma nota de autoria do ministro Félix Pacheco criticando a política das grandes potências e anunciando oficialmente a retirada do Brasil da Liga das Nações.

Mas a Primeira Guerra Mundial serviu também para forçar a industrialização nascente no país de vez que foi preciso suprir o mercado interno de produtos antes fornecidos pelo exterior e agora impedidos de circularem livremente em decorrência do conflito armado. No entanto, a despeito do impulso inicial que o processo de industrialização sofrera durante os difíceis anos da Primeira Guerra, esta foi, somada à crise econômica mundial dos anos 1920, igualmente responsável pelos limites impostos à eficácia e expansão da industrialização brasileira ao impedir a reposição e manutenção de máquinas e equipamentos. Não se deve esquecer também que o conflito mundial fez com que aumentassem substancialmente os investimentos norte-americanos no Brasil, elevando os Estados Unidos à condição de mercado preferencial em função do declínio das atividades econômicas britânicas.

Outra mudança significativa ocorre durante a chamada República Velha. Enquanto a política externa ia consolidando o *americanismo* como um novo paradigma, fosse em sua vertente pragmática ou ideológica, o período testemunharia a passagem do Itamaraty a uma nova fase da sua história institucional, que iria aumentar seu prestígio e lhe garantir uma relativa autonomia. Durante o Império, servir ao Estado como representante diplomático não implicava uma distinção clara entre a arena pública e privada. Mesmo o recrutamento de nossos representantes era bastante peculiar, uma vez que a preferência recaía invariavelmente sobre aqueles provenientes de famílias com fortes ligações com a política oficial ou a vida militar. Ao assumir o Itamaraty, o Barão reproduziu em grande medida essas características, facilitando assim o desenvolvimento de um *esprit de corps* decorrente da padronização da origem social dos novos diplomatas que ajudou a promover a homogeneidade e coesão no meio diplomático. Paralelamente, entretanto, o Barão conseguiu fortalecer o Itamaraty frente às demais agências do Estado graças ao prestígio acumulado pelos seus feitos, além de seu incomparável carisma pessoal, responsável pela classificação desse período em que esteve à frente da Casa como "período carismático", conforme nomeou o cientista político Zairo Cheibub.

Por outro lado, porém, Rio Branco enfraqueceu a estrutura administrativa da diplomacia brasileira justamente em virtude de seu perfil centralizador. Assim, após seu falecimento, teria início uma nova fase na história deste ministério que iria promover a racionalidade e a complexidade essenciais para a constituição de uma verdadeira burocracia. Nesse "período burocrático-racional", tal como foi chamado por Cheibub, inúmeras reformas foram implementadas: organização dos arquivos e da biblioteca, padronização da correspondência, reabertura de concurso para entrada na carreira, a substituição do francês pelo português como língua diplomática oficial do país etc. Esse período se estendeu até o primeiro governo de Getúlio Vargas (1930-45), com a reformulação mais ampla da administração pública.

Ao chegar a seu termo, a Primeira República deixara sua marca na vida política e econômica do país. No que se refere particularmente à política externa, destaca-se a formulação de um projeto que, por meio da aproximação dos Estados Unidos, buscava dar ao país um lugar de destaque no cenário internacional.

Anos de guerra e de industrialização. Os anos que se seguiram iriam confirmar esse rumo para a política externa. A quebra da normalidade política doméstica devido à deposição do presidente Washington Luís pelos revolucionários de 1930 não suscitaria mudanças da mesma intensidade na política externa. O *americanismo* se reafirmaria como paradigma, ainda que a Industrialização por Substituição de Importações (ISI) viesse se sobrepor ao modelo agrário-exportador como modelo de desenvolvimento.

A desarticulação do sistema capitalista mundial em função da queda generalizada nos preços internacionais dos produtos agrícolas, seguida da quebra da bolsa de Nova York em 1929, resultou em profunda retração do comércio internacional em função da posição hegemônica ocupada pelos Estados

Unidos na economia mundial, provocando a adoção de políticas protecionistas por parte das economias centrais. Paralelamente, a crise política e ideológica do período colocara em questão o Estado liberal democrático ao propor o socialismo soviético, o fascismo italiano ou o nazismo alemão como alternativas à democracia parlamentar.

Os efeitos desse panorama foram rapidamente sentidos no Brasil. Em primeiro lugar, a crise econômica que assolava o mundo fez com que os países centrais diminuíssem suas importações, atingindo duramente o café — responsável então por 70% da receita nacional. Simultaneamente, a entrada de capital estrangeiro no Brasil foi praticamente interrompida, impedindo o país de acumular divisas para equilibrar seu balanço de pagamentos.

Esse quadro, entretanto, não demoraria a ser amenizado em função da percepção das novas potências em ascensão — Estados Unidos e Alemanha — de que a recuperação de suas economias dependia da reativação do comércio mundial. Por não possuírem possessões coloniais, Estados Unidos e Alemanha se voltaram para os mercados latino-americanos. Suas estratégias comerciais e políticas, entretanto, diferiram sobremaneira: enquanto os Estados Unidos buscavam garantir sua liderança na região pelo livre-comércio e o culto à liberal democracia, a Alemanha, carente de divisas, buscava no comércio compensado (troca de mercadorias sem intermediação de moeda forte) e no culto ao autoritarismo parlamentar nacionalista conquistar espaços na região latino-americana.

Até que fosse inevitável uma definição, a política externa brasileira procurava contemplar os interesses e as idéias dos que, dentre suas elites, apostavam na continuidade da aproximação dos Estados Unidos, partidários que eram da democracia liberal, do livre-comércio e da manutenção do eixo agroexportador da economia; e dos que visualizavam numa aproximação da Alemanha não apenas a concretização de seus ideais antiparlamentares, como, principalmente, a possibilidade de incremento do processo industrial via intervenção estatal. Mas havia também setores que, embora partidários da liberal democracia, buscavam uma aproximação com a Alemanha por razões meramente materiais. Da mesma forma, havia os "germanófilos" que ainda acreditavam na agroexportação como o modelo econômico mais adequado ao desenvolvimento do país. Foi, sem dúvida, um período em que a diplomacia — antes caracterizada pela condução de políticas com poucos efeitos distributivos, já que a hegemonia do setor agroexportador garantia que o negociado no exterior se traduzisse em ganhos para boa parte das elites — teve de fazer frente a uma nova realidade.

Foi assim, com uma política de aproximações alternadas e simultâneas dos Estados Unidos e da Alemanha — *eqüidistância pragmática* conforme expressão cunhada pelo historiador Gerson Moura —, que o Brasil seguiu na sua busca por autonomia procurando tirar proveito da disputa entre os dois países. Assim, o *americanismo* de Vargas foi marcado por forte vertente pragmática. Fosse outra sua linha de atuação, o Brasil não teria obtido de Washington a promessa de financiamento para a construção, em 1940, de Volta Redonda, a primeira usina siderúrgica nacional, ícone do processo de industrialização por substituição de importações. Por outro lado, cada vitória alcançada pelo Brasil representava, na prática, um elemento a menos na barganha com os Estados Unidos. Este, por sua vez, implementava desde 1933 a "política de boa vizinhança", caracterizada pela maior colaboração econômica e militar e negociação diplomática, como estratégia de impedir a influência européia, manter a estabilidade nas Américas e assegurar a liderança norte-americana no hemisfério.

Além disso, os inúmeros compromissos políticos assumidos pelo governo brasileiro nas Conferências Americanas ao longo das décadas de 1930 e 1940, como a de Havana (1940), em que se acertou que qualquer tentativa de um Estado não-americano contra a integridade ou inviolabilidade do território, soberania ou independência política de um Estado americano seria tomada como uma agressão a todos os Estados americanos, iriam, pouco a pouco, fazer com que o Brasil tomasse parte de uma corrente de solidariedade hemisférica sob a incontestável liderança dos Estados Unidos.

Após o ataque japonês à base naval norte-americana de Pearl Harbor em dezembro de 1941, que levou os Estados Unidos a declararem guerra aos países do Eixo, muito pouco restava ao Brasil senão alinhar-se à liderança hemisférica.

O rompimento de relações diplomáticas com os países do Eixo, seguindo a recomendação da 3ª Reunião de Consulta dos Ministros das Relações Exteriores das Repúblicas Americanas, no Rio de Janeiro (1942), juntamente com os crescentes compromissos do Brasil no plano do fornecimento de materiais estratégicos para o esforço de guerra aos Aliados, sem esquecer da presença militar norte-americana no Nordeste brasileiro, transformaram o país em mais um alvo na guerra do Atlântico. O torpedeamento de 19 navios mercantes na costa brasileira por submarinos alemães acirraria os ânimos das elites e da população em favor da declaração de guerra, finalmente assinada em 22 de agosto de 1942. Inaugura-se aqui a derradeira barganha brasileira: a participação militar direta do país na guerra.

O que importa destacar, sem detrimento da contribuição oferecida pela Força Expedicionária Brasileira na Itália com seus 25.334 soldados, são os desdobramentos e as metas perseguidas através dessa participação. Assim, além de viabilizar a promessa feita por Washington de modernizar as forças armadas brasileiras — e do que isto representou na política de compromissos do presidente Vargas ao obter dos militares um expressivo apoio a seu governo —, devemos entender seu significado de médio prazo para os formuladores da política externa. Participar da guerra era garantir a presença brasileira nos arranjos de paz. E tomar parte nessas negociações significava se fazer ouvir no processo de construção de uma nova ordem mundial. Além disso, participar desse reordenamento representava um diferencial nada desprezível frente aos demais países da América do Sul, particularmente frente à Argentina. Mais uma vez o Brasil se pautava pela busca de presença mais significativa no sistema internacional.

Mesmo reconhecendo o acerto dessa estratégia que buscava garantir ao país maior participação nos arranjos do pós-guerra, é preciso lembrar que esse processo já estava em franco andamento enquanto o Brasil ainda negociava e preparava sua participação direta na guerra. De outubro de 1943 a fevereiro de 1945 os representantes das grandes potências se reuniram por diversas vezes (Moscou, Teerã, Dumbarton Oaks, Yalta) para acertar o novo mapa do mundo e a criação de instituições políticas de regulação das relações internacionais, como as Nações Unidas. Ainda assim, foi possível ao Brasil garantir sua participação nas Conferências de Paz de Paris (1946), assim como obter um dos assentos rotativos no Conselho de Segurança da ONU. O saldo dessa participação, entretanto, se transformou na crença de que o Brasil desfrutava da condição de *aliado especial* dos Estados Unidos. Como no passado, nossa elite acreditava que o Brasil era digno de um lugar de destaque na política internacional.

Cabe acrescentar ainda que, dentre os efeitos não previstos do envolvimento brasileiro no conflito mundial, destacam-se os que recaíram sobre a política doméstica. A contradição entre o envio de tropas para lutar em favor da democracia na Europa e a manutenção de um regime político interno de natureza autoritária como o Estado Novo, acirrou a oposição interna a Vargas. A despeito da adoção de medidas liberalizantes como a anistia aos presos políticos e a convocação de eleições presidenciais, a oposição interna a Getúlio, além da retirada do apoio de Washington, determinou sua deposição em 29 de outubro de 1945.

Alinhamento inevitável, intensidade variável. Para a política externa brasileira, mais significativa que a implantação de um regime democrático com a eleição de Eurico Dutra (1946-50), foi a chamada reversão de alianças entre os Estados Unidos e a União Soviética que resultou na Guerra Fria.

De fato, o novo regime não abalou a relativa autonomia do Itamaraty na condução dos negócios exteriores do país já que o próprio processo de profissionalização da diplomacia que instituíra o Ministério com o atributo da competência e da confiança, fez com que a área de política externa permanecesse relativamente insulada das injunções da política. O estreitamento do espaço de manobra internacional, por sua vez — considerando que a Europa saiu em ruínas da guerra e os Estados Unidos ascenderam à condição de única potência política, militar e econômica ocidental, junto ao fortíssimo anticomunismo do novo governo brasileiro — apenas reforçou o consenso em torno do *americanismo*, uma vez que, para as elites dirigentes, o alinhamento aos Estados Unidos parecia ser, de fato, a melhor opção para o Brasil.

Além disso, supunha-se que tal alinhamento garantiria a manutenção da superioridade militar na América do Sul — leia-se, Argentina — além, é claro, de uma participação de destaque nos principais fóruns da nova ordem mundial. Ambos os objetivos, entretanto, não foram contemplados. No primeiro caso porque, ao buscar consolidar a unidade continental sob sua liderança, os Estados Unidos não admitiriam um desequilíbrio de poder na região decorrente de uma tentativa brasileira de se destacar frente aos vizinhos. E no segundo, porque a conotação mais ideológica do *americanismo* do governo Dutra não permitiu que o Brasil fosse muito além da mera duplicação do voto norte-americano nas Nações Unidas, ainda que, ao fazê-lo, o Brasil supusesse estar cumprindo seu papel de *aliado especial*.

É preciso registrar igualmente que o pós-guerra testemunhou a consolidação do modelo de ISI como eixo da economia nacional. Assim, em que pese ter o governo Dutra sido inicialmente marcado por forte liberalismo econômico conforme o receituário formulado a partir da Conferência de Bretton Woods (1944), não tardou a que se estipulasse novo controle das importações para diminuir o desequilíbrio externo e se retomasse a política de substituição de importações por meio da industrialização.

O retorno de Vargas à presidência da República em 1951, agora através de eleição direta, levou a que o paradigma *americanista* tivesse que se adaptar ao nacional-desenvolvimentismo. Assim, a política externa do novo governo Vargas ficou conhecida pelo termo *barganha nacionalista*, pela qual se procurava negociar o apoio político-estratégico a Washington pela ajuda ao desenvolvimento econômico.

A década de 1950, entretanto, já não apresentava as mesmas condições propícias do período da guerra, quando fora possível barganhar o alinhamento pelo financiamento da siderúrgica de Volta Redonda e o reequipamento das Forças Armadas, graças à combinação da disputa entre os líderes de sistemas de poder em formação. Foi assim que um comportamento mais autônomo, que projetasse o país no plano internacional, teve de ser direcionado a regiões e temas em que, de fato, os interesses estratégicos norte-americanos não estivessem ameaçados. América Latina, África, Ásia e Oriente Médio ganharam seu lugar na agenda, particularmente nos debates das Nações Unidas, onde a delegação brasileira se mostrou mais afinada com as realidades do poder, ao perceber as limitações impostas pelo alinhamento incondicional aos Estados Unidos.

Mas o desenvolvimentismo tinha suas demandas e, deixando para trás a ênfase na industrialização horizontal (bens de consumo) o país se voltou para a chamada industrialização vertical. No desenvolvimentismo, o capital privado estrangeiro seria essencial para o crescimento das indústrias de base, e o capital público nacional e estrangeiro, para as obras de infra-estrutura fundamentais para acabar com os chamados pontos de estrangulamento do desenvolvimento nacional.

Mais uma vez as relações com os Estados Unidos eram centrais para garantir o sucesso do projeto econômico, embora para a maioria das elites dirigentes já tivesse ficado claro que a condição do Brasil como seu *aliado especial* na América Latina não se traduzia, natural e automaticamente, em ganhos econômicos para o Brasil. Washington, por sua vez, adotava para a América Latina nesse período aquilo que foi chamado de *política de negligência benigna.* Na prática isto significava a manutenção da percepção de que o comunismo era a causa da instabilidade política do continente, e a ênfase no investimento privado e na estabilização monetária dos países latino-americanos. Foi então que se percebeu que se a insatisfação com este tratamento estava disseminada pelo continente, a reação poderia ser de natureza conjunta, até porque o período também se caracterizava por uma certa flexibilização na disputa Leste-Oeste e uma maior presença econômica da Europa. De fato, a segunda metade da década de 1950 é rica em exemplos de fissuras tanto no bloco capitalista como no comunista. A título de exemplo, a intervenção militar anglo-franco-israelense no Canal de Suez, condenada pelo governo norte-americano (1956); a intervenção soviética na Hungria que ameaçara se retirar do Pacto de Varsóvia (1956); a intensificação do movimento de libertação das colônias européias na África; e, fechando a década, a Revolução Cubana (1959).

Assim, por um lado podia-se desfrutar de um período em que as queixas dos aliados não eram, necessariamente, interpretadas como uma recusa ao alinhamento. Por outro, embora não fosse possível reeditar a estratégia de *eqüidistância pragmática* em moldes idênticos aos dos anos 1940, posto que Estados Unidos e países europeus estavam todos do mesmo lado e a opção pelo bloco soviético não encontrava apoio doméstico, não resta dúvida que os capitais europeus exerciam sua função como fontes alternativas de recursos. Foi nesse quadro que, através do lançamento pelo governo Juscelino Kubitschek (1956-60) da Operação Pan-Americana (OPA), buscou-se instituir uma revisão das relações interamericanas.

Maior destaque da política externa desse governo, a OPA fora lançada como uma proposta multilateral latino-americana que objetivava fomentar tal revisão, muito embora também pretendesse promover o Brasil internacionalmente colocando o país numa posição de liderança na América Latina. Na prática, a OPA visava estimular o aumento de aporte de recursos públicos norte-americanos para os projetos de desenvolvimento dos países latino-americanos com base em uma nova e interessante estratégia: invertendo a lógica da política externa norte-americana característica da Guerra Fria que percebia o comunismo como fonte de ameaça à segurança e à estabilidade política dos países ocidentais, a OPA propugnava ser esta ameaça uma conseqüência dos problemas sociais cuja causa profunda residia no subdesenvolvimento e na miséria, estes sim estímulos para a proliferação do ideário comunista. Em termos concretos, a OPA logrou apenas o aumento da assistência técnica norte-americana para a América Latina e a criação do Banco Interamericano de Desenvolvimento.

Quanto à política externa de JK de uma forma mais geral, esta foi marcada por avanços e recuos, posto que conjugava, nas palavras de Gerson Moura, a "gestação de formulações e posições de independência em meio à reafirmação de posições de alinhamento". Nesse sentido, vale ressaltar a conclusão das negociações para o restabelecimento das relações comerciais com a URSS, a participação do Brasil em operações de paz promovidas pela ONU, como na Força de Emergência no Canal do Suez (1956) e o envio de oficiais da Força Aérea ao Congo, em apoio à operação para contornar a crise deflagrada pelo assassinato do presidente Lumumba (1961).

Nasce um outro paradigma. Inúmeras novidades ocorreram no plano internacional a partir do final da década de 1950 e ao longo dos anos 1960. As contínuas cisões em cada um dos blocos foram paulatinamente aprofundando a distensão da competição bipolar e aumentando o grau de permissibilidade do sistema e mesmo de contestação ao *status quo*, como exemplificara a Conferência de Bandung de 1955 e a formação do Movimento dos Não-Alinhados rejeitando a clivagem Leste-Oeste em 1961. A libertação de dezenas de povos africanos até então subjugados por potências européias (Sudão, Marrocos, Gabão, Somália, Gana, Congo, Senegal, Nigéria, Argélia etc.) só fortalecia a ação dos países do Terceiro Mundo. Na América Latina o maior exemplo desse processo foi, sem dúvida, a vitória da Revolução Cubana liderada por Fidel Castro, em 1959.

Também o Brasil seria atingido por este "vento de mudança" como se referiu a este processo o então primeiro-ministro britânico Harold Macmillan. Em meio a esse quadro um Itamaraty não apenas mais profissional, mas igualmente mais denso em suas idéias sobre o lugar do Brasil no sistema internacional, trouxe para a política externa brasileira uma alternativa ao *americanismo*. Assim, as relações estreitas com os Estados Unidos deixaram de ser vistas como instrumento para aumentar o poder de barganha do Brasil, para se tornarem conseqüência da própria ampliação deste poder de negociação. As bases dessa proposição mais uma vez se assentavam numa visão realista das relações internacionais. Nesse momento, porém, a despeito do reconhecimento da anarquia do sistema, se reconhecia também que ele era normativamente regulado e que os Estados agiam não apenas em busca de ganhos relativos, mas também absolutos.

Além disso, a essa concepção se somaria a crítica nacionalista ao *americanismo* desenvolvida no interior do Instituto Superior de Estudos Brasileiros (Iseb), órgão engajado na criação e promoção de uma ideologia nacional-desenvolvimentista. Finalmente, coroando uma visão que abandonava o alinhamento automático aos Estados Unidos como eixo da política externa, seguiam-se as teses da Cepal (Comissão Econômica para a América Latina), órgão subordinado ao Conselho Econômico e Social da ONU, criado em 1948, que, numa reação coletiva à hegemonia do centro, unia os latino-americanos por suas especificidades nacionais e os diferenciava dos países desenvolvidos. Um novo paradigma de política externa se delineava: o *globalismo*. Concebido como uma alternativa ao anterior, esse paradigma contrapunha à tese de que a maior aproximação de Washington elevaria os recursos de poder do país, aquela que elegia a diversificação das relações exteriores do Brasil como condição para o aumento do seu poder de barganha do mundo, inclusive junto aos Estados Unidos. Além disso, a nova proposta de inserção internacional do país iria buscar na tradição do Itamaraty outros fundamentos importantes: o princípio da não-intervenção e da autodeterminação dos povos, a tese da igualdade jurídica das nações, a fidelidade às normas de solução pacífica de controvérsias etc.

Registrados os componentes de natureza política, não se pode ignorar a adequação do novo paradigma ao modelo vigente de desenvolvimento. Desde que a economia brasileira havia se tornado mais complexa, era crucial a diversificação das parcerias para os países do bloco socialista e para as novas nações libertas do sistema colonial, ampliando o mercado para os produtos primários e manufaturados.

Em linhas gerais, a chamada Política Externa Independente, implementada ao longo dos governos Jânio Quadros (1961) e João Goulart (1961-64) pode ser dividida em duas fases, cujas principais marcas foram: na primeira, a busca pela preservação da paz, aproveitando-se do poder de barganha decorrente da possibilidade de o país optar por uma postura neutralista; e na segunda, a dissociação da Guerra Fria como elemento definidor central e a ênfase na questão do desenvolvimento. Em outras palavras, a disputa Leste-Oeste cede lugar ao conflito Norte-Sul como eixo condutor da política externa.

A despeito da identificação dessas diferentes fases, como sugerido por Brito Cruz, o fato é que a Política Externa Independente se constitui como a primeira manifestação sistemática das teses do *globalismo*. Em que pese a propriedade e adequação desse ideário a um país que buscava criar melhores condições para o atendimento dos seus interesses econômicos ainda centrados no modelo de ISI, inexistiam as condições ideais para a implementação dessa proposta. Ainda assim, nesse período o Brasil procurou se dissociar da política colonialista de Portugal, adotou posições de independência com relação à disputa bipolar ao apoiar a manutenção de Cuba no sistema interamericano e se aproximar de países do Leste Europeu e da China, denunciou discrepâncias nas regras de comércio mundial que prejudicavam os países do Terceiro Mundo, entre outras atitudes de caráter mais autonomista.

Ideologia e pragmatismo nos anos da bipolaridade

Da ideologia... Com o golpe militar de 1964, novamente a política doméstica brasileira seria objeto de profunda revisão. Diferentemente de outros momentos de ruptura da ordem, porém, agora também a política externa brasileira seria atingida. Na realidade, nesse momento política interna e externa se reforçaram mutuamente posto que um componente essencial da ideologia que legitimava o novo regime era a tese de que o golpe representava uma reação defensiva contra a ameaça comunista internacional. A deposição de Goulart conduziu os militares ao poder e fez retornar o paradigma *americanista*, pois a aliança com os Estados Unidos era vista pelos novos dirigentes como parte integrante da luta interna contra o comunismo.

Um dos aspectos desse realinhamento foi a incorporação da Doutrina de Segurança Nacional à ação diplomática. Em linhas gerais, a DSN tinha como seu traço principal a oposição Leste-Oeste, percepção que embora francamente estimulada por Washington, possuía fortes raízes no ideário nacional. Assim, de acordo com seus aspectos geopolíticos, a posição geográfica do Brasil determinava sua aliança ao bloco ocidental. Era igualmente no antagonismo Leste-Oeste que as noções de desenvolvimento econômico e de planejamento estatal iam buscar sua legitimidade. De acordo com o próprio Castelo Branco, primeiro presidente do regime militar (1964-67), a relação entre desenvolvimento e segurança levava a que, por um lado, a segurança fosse determinada pelo grau de desenvolvimento econômico; e, por outro, à crença de que o desenvolvimento econômico não poderia ser alcançado sem um mínimo de segurança.

Assim, se a meta do desenvolvimento já era parte da política nacional e a ação internacional do país deveria coadjuvar este objetivo, agora também a segurança se transformava num dos eixos do interesse nacional brasileiro e sua busca deveria se dar tanto doméstica como internacionalmente. O binômio segurança-desenvolvimento definiria a política interna e externa, com precedência do primeiro sobre o segundo.

Em linhas gerais, essa política externa se definia pela imagem dos círculos concêntricos e das fronteiras ideológicas. Enquanto a primeira ilustrava as prioridades da agenda diplomática nacional — América Latina, hemisfério ocidental, comunidade ocidental; a segunda indicava os limites a separar os países capitalistas dos países socialistas. Disto não se deve inferir que, a partir de então, as relações do Brasil com seus vizinhos latino-americanos foram aprofundadas, nem em termos políticos, nem econômicos. Na prática, a prioridade da região na agenda internacional do Brasil se definia pelo viés da segurança, de vez que qualquer alteração na composição político-ideológica dos vizinhos rumo à esquerda era vista como uma ameaça à estabilidade do novo regime brasileiro. Daí se explica o rompimento de relações diplomáticas com Havana, o envio de tropas brasileiras para Santo Domingo e o apoio à criação de uma Força Interamericana de Paz em caráter permanente no âmbito da OEA.

Em associação a essa visão sobre a inserção internacional do Brasil que afirmava que num mundo interdependente o país não possuía melhor opção que a dependência ao centro hegemônico, o modelo de desenvolvimento permaneceria o mesmo, em que pese o breve período em que se buscou implementar algumas medidas mais liberais com Roberto Campos no ministério do Planejamento. Ao se retomar os pressupostos do modelo de ISI, entretanto, a associação ao capital estrangeiro, principalmente norte-americano, se sobrepôs às teses nacional-desenvolvimentistas e passou a ser vista como a melhor opção. Sua implantação, por sua vez, era facilitada pela inexistência das pressões eleitorais associadas ao pensamento nacionalista que, ao tempo de JK, colocara limites ao chamado desenvolvimentismo associado. Enfim, a política externa encontrava-se "protegida" das pressões democráticas.

Um outro aspecto importante iria marcar a política externa brasileira imediatamente após o golpe militar. Como se viu, o peso relativo da corporação diplomática na definição do conteúdo da política externa brasileira aumentara concomitantemente ao aprofundamento da sua profissionalização e à institucionalização do próprio Itamaraty. Paralelamente, formara-se no interior dessa agência um pensamento diplomático que parecia subordinar a ideologia ao pragmatismo dos interesses. Por isso mesmo, e tendo em vista a forte conotação ideológica do novo regime — que tinha no alinhamento aos Estados Unidos antes um fim da política externa que um meio —, o afastamento do Itamaraty do centro de formulação da política externa seria uma decorrência quase imediata. Para Zairo Cheibub, foi o momento em que a instituição teve de negociar sua dignidade por sua integridade, no sentido de, momentaneamente, haver deixado de lado suas teses mais progressistas a fim de evitar a caça às bruxas que se implantava em outras agências.

A reunião desses fatores trouxe de volta o *americanismo* de natureza ideológica à política externa dos primeiros anos de regime militar. Em 1964, tal como ocorrera em 1946, a crença na condição do Brasil de *aliado especial* fazia com que as elites dirigentes acreditassem que esta escolha se traduziria em benefícios automáticos para o país. Não tardaria, entretanto, para que o aprofundamento do modelo econômico fizesse surgir contenciosos com os Estados Unidos visto que, dia a dia, cresciam as evidências de que o reconhecimento da liderança norte-americana não garantiria ao Brasil nem a assistência econômica requerida, nem uma posição de destaque na América Latina. Por outro lado, os compromissos decorrentes deste reconhecimento restringiam a liberdade de movimentos do país face a novas parcerias.

Foi assim que logo no governo seguinte, de Costa e Silva (1967-69), a reincorporação de teses mais nacionalistas ao modelo de desenvolvimento daria à agenda diplomática uma conotação mais autonomista, embora não colocasse em xeque o alinhamento político e militar ao Ocidente. Em decorrência, a política externa do regime militar sofreria senão uma ruptura, certamente uma importante inflexão, ao incorporar o eixo Norte-Sul como um elemento de definição de políticas. A título de exemplo, o Brasil teve papel destacado na 2ª Conferência da Unctad (1968) em defesa de tratamentos não-discriminatórios e preferenciais aos produtos manufaturados dos países subdesenvolvidos. Deve-se registrar também a rejeição do argumento da irresponsabilidade dos países do Sul como razão para lhes negar acesso à tecnologia de ponta, levando a que o Brasil se recusasse, em 1968, a assinar o Tratado de Não-Proliferação Nuclear (TNP).

Claro está que a conjuntura internacional se apresentava mais receptiva a esse tipo de comportamento dos países periféricos, tendo em vista o fortalecimento de novos pólos de poder, como a Europa Ocidental e o Japão, a crescente cooperação entre EUA e URSS e as disputas intrablocos, como a retirada da França da OTAN em agosto de 1966, o veto à entrada da Grã-Bretanha na Comunidade Econômica Européia em 1967 e a invasão de Praga por tanques soviéticos em 1968.

Finalmente deve-se sublinhar que a paulatina retomada da relativa autonomia do Itamaraty na formulação da política externa brasileira foi um elemento crucial nesse processo, de vez que inúmeros diplomatas que então começavam a ocupar importantes postos na hierarquia da instituição partilhavam de uma forte visão pró-Terceiro Mundo. Essa retomada, por sua vez, pode ser explicada pela confiança crescente depositada pelos militares no Itamaraty em grande parte devido à semelhança existente entre os padrões de educação e socialização dos diplomatas e dos militares, a despeito da existência de diferenças políticas e ideológicas entre seus membros.

Embora as tendências apontassem para uma recuperação do *globalismo* como paradigma da política externa, o governo seguinte (Médici, 1969-74) iria retardar essa decisão. Assim, mantido o *americanismo* como eixo preferencial de definição dos interesses brasileiros e o modelo de ISI, supunha-se agora que nada precisava de fato ser mudado no sistema internacional, a não ser a posição que nele o Brasil ocupava. Enfim, ao longo desse governo buscou-se renegociar os termos da dependência do Brasil por uma via separada e não mais em conjunto com seus pares continentais. Isto se deve em parte aos resultados positivos do Milagre Econômico, responsável pelo crescimento anual do PIB em cerca de 11% entre 1968 e 1974, levando a que a política externa buscasse identificar oportunidades e remover barreiras à ascensão internacional do país.

Assim, se por um lado havia coincidência de interesses com os Estados Unidos em assuntos políticos e de segurança, as divergências no plano econômicocomercial começavam a se agravar, como exemplificam o conflito sobre a decretação do mar territorial de 200 milhas e as disputas comerciais em torno dos subsídios ao café solúvel.

Não se pode esquecer também que data da gestão do ministro Gibson Barboza (1969-74) uma atenção maior aos países de menor desenvolvimento na América Latina e na África, ainda que particularmente por meio de iniciativas de cooperação técnica e de projetos de investimento de empresas estatais no campo energético e de comunicações.

... ao pragmatismo. Já se disse que, algumas vezes, é preciso mudar para que seja possível manter-se igual. O processo pelo qual passou a política externa brasileira na segunda metade do regime militar em parceria com o modelo de desenvolvimento ilustra bem essa proposição. Em meados da década de 1970, o modelo econômico se encontrava em seu estágio final com a substituição de importações de bens intermediários, particularmente nos setores químico e metalúrgico, além de bens de capital. Para que mantivesse seu rendimento positivo, entretanto, era necessário realizar alguns ajustes. Para tanto, mais uma vez a política externa vinha coadjuvar o modelo e, desta feita, podia contar com condições de maior flexibilidade que, nessa época, caracterizavam as relações internacionais. Aquilo que não fora possível implementar na primeira

metade da década de 1960, contava agora com melhores condições de exeqüibilidade. Note que, embora desde o final da década de 1960 o Brasil já caminhasse em direção à redefinição da política externa implementada após o golpe, foi só durante o governo Geisel (1974-79) que o *globalismo* retornaria como o paradigma da política externa brasileira.

O Milagre Econômico chegava ao fim e com isso surgia a possibilidade de uma considerável baixa na média anual de crescimento. Como agravante, a primeira crise do petróleo em decorrência da decisão dos países da Opep de quadruplicar o preço do barril de óleo — de US$3 para cerca de US$12 — atingia profundamente a economia nacional dependente que era em cerca de 80% de petróleo importado. Além disso, o sistema financeiro de Bretton Woods entrara em colapso em 1971, pondo fim à paridade do dólar com o ouro e levando a desvalorizações sucessivas da moeda norte-americana. No entanto, graças à manutenção da alta liquidez do mercado financeiro internacional, foi possível manter o ritmo de crescimento interno, requisito essencial de legitimação do regime. Em contrapartida a dívida externa aumentou de 12,5 bilhões para 45 bilhões de dólares entre 1974 e 1979, aprofundando a vulnerabilidade externa da economia brasileira.

Em razão da necessidade de fazer divisas para arcar com o serviço da dívida e, portanto, equilibrar o balanço de pagamentos, foi necessário incorporar ao modelo de desenvolvimento uma política de promoção de exportações. Para o sucesso dessa política contribuíram a verticalização da indústria (que dotara o país de capacidade de exportação de produtos manufaturados), o aprofundamento da distensão entre as superpotências e a multipolaridade econômica que dava as condições necessárias para a diversificação das parcerias do Brasil.

Assim se explica a aproximação dos países africanos, rompendo com o apoio ao colonialismo português que fora reinstituído pelo regime militar. Isto, aliás, seria feito a despeito das opções ideológicas dos governos dos novos países, como exemplifica o reconhecimento da independência de Angola sob governo socialista do Movimento Popular de Libertação de Angola (MPLA). Da mesma forma, o Brasil restabeleceu relações diplomáticas com a República Popular da China e intensificou seu relacionamento com outros países do bloco socialista, em particular a União Soviética. Superava-se assim, o princípio de fronteiras ideológicas que, desde Castelo Branco, limitava as opções diplomáticas brasileiras. Com Geisel, a política externa finalmente se libertava da camisa-de-força ideológica que dificultara, quando não impedira, a diversificação das relações do Brasil. Finalmente, retomava-se a busca de autonomia pelo afastamento do centro hegemônico e pela aproximação da Europa Ocidental e dos países subdesenvolvidos da Ásia, África e América Latina. Da mesma forma buscava-se autonomia pela distância de temas polêmicos a fim de resguardar o país de alianças indesejáveis, conforme afirma o diplomata Gelson Fonseca Jr.

Registre-se, igualmente, a mudança da postura com respeito ao Oriente Médio, levando a que o país se tornasse mais crítico com relação à questão dos territórios ocupados por Israel, inclusive votando favoravelmente a um projeto de resolução nas Nações Unidas considerando o sionismo como forma de racismo e discriminação racial.

O pragmatismo que marcou a política externa estimulou igualmente uma reaproximação do Brasil com seus pares continentais cujas relações estavam, desde o golpe, prioritariamente definidas por questões de segurança. Para tanto convergiram três fatores: a percepção de um forte isolamento do país em virtude de uma paulatina revisão das políticas externas de diversas repúblicas latino-americanas com relação aos Estados Unidos; a necessidade de diversificar os mercados para os produtos industrializados brasileiros; e a premência em se buscar novos fornecedores de energia. Mas apesar desse impulso, a aproximação efetiva só se consolidaria no governo seguinte.

A existência de condições positivas para a implementação de uma política externa mais autônoma não implicava em inexistência de obstáculos. Embora entre os partidários do governo houvesse um clima bastante favorável à implantação de mudanças até como forma de se manter no rumo do desenvolvimento via modelo de ISI, também havia temores sobre até que ponto essas mudanças trariam conseqüências ameaçadoras para o perfil ocidental do regime. Em suma, de acordo com a ala mais conservadora do regime, a diversificação comercial, o abandono do alinhamento automático aos Estados Unidos e o relacionamento mais íntimo com o Terceiro Mundo poderia levar a um excessivo desengajamento ideológico, com efeitos danosos para a segurança do país.

Nesse sentido, um aspecto tem importância central para se entender o processo de formulação da política externa brasileira do período e, por conseqüência, seu conteúdo: a relação especial que se estabeleceu entre o presidente Geisel e o ministro do Exterior, Azeredo da Silveira (1974-79). Confirmando a tese de Maria Regina Soares de Lima que, no Brasil, o grau de autonomia da diplomacia depende da autorização presidencial, as idéias de Silveira sobre a política externa brasileira encontravam em Geisel não apenas um simpatizante, mas principalmente a garantia da sua implementação.

Assim, à medida que se aprofundavam as idéias de natureza mais pragmática na definição da inserção internacional do país, fazendo com que o *globalismo* se tornasse hegemônico no interior da burocracia diplomática, e que a presidência da República encampava seu ideário e decidia colocá-lo em prática, inaugurava-se um novo tempo na política externa. De agora até que se iniciasse a chamada *crise de paradigmas*, as relações do Brasil com os Estados Unidos deixariam de ser um meio para aumentar o poder de negociação do Brasil e passariam a estar condicionadas ao próprio aumento do poder de barganha. Dentre as atitudes que ilustram essa postura, a denúncia do Acordo Militar Brasil-Estados Unidos, assinado em 1952, e a assinatura do Acordo Nuclear com a Alemanha, que previa a instalação de oito usinas e a execução de um programa para o enriquecimento de urânio e de reprocessamento de combustível.

E assim se manteve a linha de atuação do Brasil, com apenas alguns ajustes no governo seguinte (João Batista Figueiredo, 1979-85), permanecendo fiel aos pressupostos centrais do *globalismo.* Nesse sentido, manteve-se a política de estímulo à diversificação de parcerias que visava fazer face aos problemas advindos do aprofundamento do protecionismo das economias dos países avançados, da segunda crise do petróleo de 1979 e do aumento do serviço da dívida externa (esta fruto da estratégia adotada desde o governo Geisel de manter o crescimento por meio dos empréstimos estrangeiros). É preciso sublinhar, entretanto, que durante o governo Figueiredo houve, de fato, um aprofundamento na opção de priorizar o relacionamento com os países do Sul, uma das razões para que se adotasse como rótulo da política externa a qualificação de *universalista* em oposição ao *pragmatismo* da gestão anterior, em que pese o fato de Cuba permanecer fora desse âmbito. Nesse contexto se privilegiou o relacionamento com a Argentina no bojo do fortalecimento dos laços do Brasil com o restante da América Latina, onde o maior destaque deve ser dado à resolução da disputa que se arrastava há anos relativamente ao aproveitamento dos recursos hídricos da Bacia do Prata pelas usinas hidrelétricas de Itaipu e Corpus.

Além disso, o estilo mais conciliador por parte do novo presidente e de seu chanceler, Saraiva Guerreiro, face às pressões norte-americanas na área de direitos humanos, por exemplo, permitiu o encaminhamento das relações com os Estados Unidos de forma menos conflitiva.

No entanto, a contração do crédito internacional e a crise da dívida externa do Terceiro Mundo provocaram uma certa paralisia na área de política externa em função da necessidade de administrar a crise financeira. Esse quadro não chegou a abalar os princípios do *globalismo* que, já solidificados, não cederam nem mesmo às pressões decorrentes da "Segunda Guerra Fria", como ficou conhecida a política de acirramento da competição bipolar do presidente Ronald Reagan, dos Estados Unidos (1981-88).

Em busca de uma nova inserção internacional

Não é difícil entender as mudanças ocorridas na política externa brasileira após o fim do regime militar, em 1985. A dificuldade é datar com precisão quando elas, de fato, começaram a ser geradas. Enquanto alguns autores datam a chamada *crise de paradigmas* na segunda metade da década de 1980, outros localizam seu início na década de 1990, mais precisamente em meados do governo de Collor de Mello. Assim, o melhor a fazer é procurar explicar suas principais causas.

Pois bem, para uma política externa que, do ponto de vista de seus formuladores, tinha como função principal coadjuvar o processo de desenvolvimento econômico, não é de se estranhar que, ao ruir a base do modelo econômico em vigor, tenham surgido sérias interrogações sobre a eficácia dos dois paradigmas que, até então, haviam se alternado para lhe dar sustentação: o *americanismo* e o *globalismo*.

Vários fatores concorrem para este desfecho. No plano internacional, os anos 1980 testemunham o acirramento das mudanças estruturais na economia mundial que haviam começado ainda na década de 1970 com a quebra do padrão-ouro e a adoção de políticas protecionistas pelos países mais desenvolvidos, provocando uma desaceleração do comércio mundial sem precedentes desde o fim da Segunda Guerra Mundial. Além disso, a transformação do paradigma tecnológico reduziu sobremaneira a competitividade dos países em desenvolvimento e se somou à queda dos preços internacionais de matérias-primas, principal fonte de recursos dos países menos desenvolvidos. Em conjunto, essas variáveis diminuíam a margem de permissividade para a atuação de países periféricos, aumentando a vulnerabilidade externa do país.

Conseqüentemente, no plano econômico nacional a segunda metade da década de 1980 foi palco de graves distorções. Foram anos marcados por uma taxa anual de inflação que quadruplicou entre 1985 e 1988, um crescimento anual do produto real de apenas 1,8% e um patamar tão alto no serviço da dívida externa que, em fevereiro de 1987, o governo decretou uma moratória suspendendo unilateralmente e por tempo indeterminado o pagamento dos juros da dívida externa de médio e longo prazo aos bancos comerciais. Além disso, o período registra três programas de estabilização econômica: Plano Cruzado (1986), Plano Bresser (1987) e Plano Verão (1989).

Esses fatores iniciaram um processo de erosão da opção sobre a melhor estratégia de inserção internacional do país que, desde meados da década de 1970, isto é, desde os tempos do *pragmatismo responsável* de Geisel, vigorava, mais ou menos, inalterada. Esse processo tem início a partir da segunda metade do governo Sarney, quando, entre outros problemas, o Brasil teve de enfrentar as pressões norte-americanas sobre a política brasileira de informática e a lei de patentes farmacêuticas, consubstanciadas no enquadramento do país na lei de comércio norte-americana com a conseqüente ameaça de aplicação de sanções comerciais a produtos brasileiros. A partir de então, embora mantidas as premissas centrais do *globalismo*, realizou-se um esforço diplomático para a construção de uma agenda positiva com os Estados Unidos.

Como resultado desse mesmo estreitamento de oportunidades, testemunha-se ao começo da mudança da posição brasileira nas negociações da Rodada Uruguai do Gatt em direção a uma maior flexibilização. Em poucas palavras, o Brasil iniciava sua caminhada rumo ao abandono da condição de *carona* nas negociações multilaterais, ou seja, da estratégia de se favorecer dos benefícios da cooperação sem contribuir com seus custos, passando a arcar com os ônus da ação coletiva. Assim, gradualmente se deixava para trás a obstrução sistemática às negociações sobre propriedade intelectual e à inclusão dos chamados novos temas, respondendo às condições exponencialmente mais rígidas em que se desenvolviam as relações multilaterais no fim da década de 1980. Daquele momento em diante, já não mais seria possível desfrutar de eventuais benefícios resultantes da liberalização do comércio internacional sem os custos de negociar com seus parceiros.

Ao contrário das questões de natureza econômica, as de natureza política não tiveram muito impacto sobre os paradigmas diplomáticos. De fato, a redemocratização responde muito pouco por qualquer alteração no conteúdo da política externa. Se, com o novo regime, tornou-se mais fácil e mesmo recomendável a aproximação política com a Argentina, não se pode negar que essa já era uma tendência anunciada desde o governo Figueiredo. O efeito mais evidente da redemocratização sobre o conteúdo da política externa foi o reatamento de relações diplomáticas com Havana, interrompidas desde 1964.

No que se refere ao plano da formulação da política externa, testemunhou-se a manutenção de uma prática já consolidada, na qual o Itamaraty contava com relativa autonomia, ainda em função da forte especialização e prestígio que a agência diplomática desfrutava. Nesse sentido, nem a nomeação de Olavo Setúbal (1985-86) e a de Abreu Sodré (1986-90) para a chefia do Ministério, nem tampouco a maior presença do Congresso na ratificação de decisões de política externa conforme a nova Constituição, chegaram a tornar esta uma área de disputas políticas expressivas.

É preciso registrar, entretanto, uma modalidade diplomática que veio se somar ao protagonismo do Itamaraty na formulação e condução da política externa brasileira. Refiro-me à *diplomacia presidencial* que, por meio da ação do mandatário como formulador e/ou porta-voz da política externa daria maior visibilidade e, por vezes, mais agilidade às decisões deste campo.

Um dos exemplos mais marcantes do período foi a aproximação do Brasil à Argentina que deu início ao processo de integração que se consubstanciaria no Mercosul. Apesar da importância da diplomacia presidencial nesse processo, a articulação entre as agências diplomáticas dos dois países foi crucial para o sucesso da iniciativa.

Em novembro de 1985 foi assinada a Declaração de Iguaçu, que criava uma Comissão Mista de Alto Nível para a Cooperação e a Integração Econômica Bilateral. Em julho de 1986, com a assinatura de inúmeros protocolos bilaterais decorrentes da formação do Programa de Integração e Cooperação Econômica entre Brasília e Buenos Aires, dava-se o primeiro e decisivo passo para a integração econômica dos dois países. A propósito, deve-se registrar que, no âmbito desse Programa, Brasil e Argentina assinariam em dezembro do mesmo ano o Protocolo de Cooperação Nuclear que previa a abertura de seus respectivos programas nucleares à inspeção recíproca, pondo fim dessa forma às rivalidades e desconfianças e estimulando sobremaneira o aprofundamento da parceria bilateral. Finalmente, em novembro de 1988, o Tratado de Integração, Cooperação e Desenvolvimento apontava para a criação de um espaço comum num prazo de dez anos ao estipular a remoção gradativa das barreiras tarifárias e não-tarifárias tanto ao comércio de bens como ao de serviços entre ambos, além de projetar a harmonização progressiva das respectivas políticas rumo à criação de um mercado comum.

Mas a integração econômica Brasil-Argentina só teria, de fato, um impulso substancial com a assinatura da Ata de Buenos Aires em julho de 1990 por Collor de Mello e o presidente argentino Carlos Menem (1989-99). Com esse ato os dois países se comprometiam a formar um mercado comum até dezembro de 1994. O Tratado de Assunção que se seguiu, firmado em março de 1991, já contando com a adesão de Paraguai e Uruguai, batizou o mercado de Mercosul. Finalmente, em dezembro de 1994, foi firmado pelos quatro países o Protocolo de Ouro Preto, definindo a estrutura institucional e conferindo personalidade jurídica internacional ao Mercosul. Diferentemente do planejado, entretanto, nessa data não se constituiu o mercado comum, mas apenas uma união aduaneira com a adoção de uma Tarifa Externa Comum a partir de 1995, em que pesem suas inúmeras exceções.

A despeito dos passos dados em direção a uma aparente mudança na política externa brasileira, seria incorreto afirmar que o governo Sarney foi um divisor de águas. Tratou-se mais propriamente de uma perda paulatina de legitimidade e mesmo de eficácia do paradigma diplomático em vigor paralelamente à crise do próprio modelo de desenvolvimento que, dia a dia, se agravava. De fato, foi só com a assunção de Collor de Mello à presidência da República que a política externa viu ambos os seus paradigmas diplomáticos entrarem numa crise sem retorno.

Assim, primeiramente se buscou retomar o paradigma *americanista* como coadjuvante da adoção de um novo modelo econômico ancorado na liberalização da economia cujo eixo girava em torno da inserção competitiva do Brasil na economia mundial nos marcos da chamada "modernização pela internacionalização". Não se pode deixar de registrar que o fim da Guerra Fria, com a elevação dos Estados Unidos à condição de potência hegemônica global, teve um peso crucial na adoção desse comportamento. Note, também, que esse quadro se constrói paralelamente ao afastamento do Itamaraty do núcleo de formulação da política externa em favor da presença do próprio presidente da República. Além disso, nessa primeira fase, a política externa do governo Collor inaugurou aquilo que se chamou de *autonomia pela participação* buscando aumentar a credibilidade internacional do país com vistas à renegociação da sua dívida externa e mesmo como um passaporte para o Primeiro Mundo, por meio da adesão aos regimes internacionais de comércio, controle de tecnologias sensíveis, proteção ao meio ambiente e aos direitos humanos.

No entanto, a tentativa de retorno ao *americanismo* mostrou-se ineficaz de vez que o consenso interno em torno de uma relação especial com Washington deixara de existir, particularmente no que se refere à expectativa de que uma aproximação dessa natureza seria suficiente para atender os interesses brasileiros na sua totalidade.

Dessa forma, o retorno a alguns aspectos do *globalismo* caracterizaria a segunda fase da política externa de Collor. As negociações preparatórias para a Conferência das Nações Unidas para o Meio Ambiente e o Desenvolvimento, a ECO-92, são, sem dúvida, um excelente exemplo desse quadro. Muito contribuiu para isso, o fato de o Itamaraty ter recuperado, ao menos em parte, sua proeminência na formulação da política externa, então com Celso Lafer à sua frente.

Em que pese essa tentativa de resgatar princípios que, no passado haviam ajudado a elevar o poder de barganha do Brasil, a estratégia também não rendeu os benefícios esperados, de vez que também haviam se extinto as condições geradoras e garantidoras de legitimidade desse paradigma. Em outras palavras, embora o conflito Norte-Sul ainda existisse, a fragmentação da coalizão do Sul impossibilitava uma ação coletiva. Além disso, as grandes potências começaram a adquirir uma imagem de maior responsabilidade posto que estariam agora comprometidas com iniciativas de desarmamento, intervenções humanitárias etc., retirando assim dos países periféricos o argumento que denunciava o comportamento dos países centrais como irracional. De fato, o período testemunha um cenário de "grandes unanimidades" cuja centralidade não se encontrava no campo do desenvolvimento, mas sim da liberalização econômica, da democracia, da proteção aos direitos humanos e ao meio ambiente, áreas em que o déficit dos países do Terceiro Mundo, incluindo o Brasil, ainda era muito alto.

Sem dúvida alguma entrávamos num período de crise de paradigmas. Como se não bastasse, a crise que levaria ao *impeachment* de Collor de Mello estava no seu auge. A substituição de Collor por Itamar Franco e a nomeação de Fernando Henrique Cardoso (1992-93), seguido por Celso Amorim (1993-94), como ministros das Relações Exteriores, fizeram com que a diplomacia brasileira buscasse se adaptar às circunstâncias internacionais sem que deixasse de lado sua histórica prioridade à promoção do desenvolvimento e à busca de autonomia. Ainda não se podia falar, entretanto, da adoção de um novo paradigma de política externa.

Assim, com relação à questão do desenvolvimento, procurou-se discutir nas Nações Unidas uma Agenda para o Desenvolvimento em acréscimo à chamada Agenda para a Paz, então em vigor na organização. E no plano da busca de autonomia, tratou-se de intensificar a participação nos debates internacionais buscando obter mais voz nos foros de decisão internacional, donde a posição favorável à reforma do Conselho de Segurança da ONU e à candidatura brasileira a um assento permanente, mais uma vez a partir da autopercepção de que o país merecia um lugar de destaque no sistema internacional. Corroborando esta postura, buscou-se ampliar a participação do Brasil nas operações de paz promovidas pelas Nações Unidas na América Central e na África.

Simultaneamente, buscou-se reafirmar os compromissos internacionais e o apoio aos valores ocidentais como exemplificado pela atuação da delegação brasileira na Conferência Mundial de Direitos Humanos em Viena (1993) e na Conferência do Cairo sobre População e Desenvolvimento (1994). Deve-se notar, entretanto, que apesar da adesão às normas internacionais de regulação desses, assim como de outros temas globais — meio ambiente e combate ao narcotráfico, por exemplo —, o Brasil reiterava sua oposição a práticas consideradas neo-intervencionistas, como o chamado dever de ingerência.

Além disso, buscou aprofundar a integração regional, propondo a criação da Área de Livre Comércio Sul-Americana, em grande parte como uma resposta à iniciativa do governo norte-americano de lançar uma agenda de integração hemisférica — a Área de Livre Comércio das Américas (Alca) — devido às dúvidas brasileiras quanto à eficácia de uma proposta reunindo países de níveis de desenvolvimento tão distintos.

Pode-se dizer que durante o breve governo de Itamar Franco, a política externa brasileira expressou uma tentativa de conjugar a permanência do país no rumo da liberalização econômica com a manutenção de uma margem de segurança na condução autônoma de seus interesses, ainda que essa tentativa nem sempre tenha sido frutífera.

O fato é que desde o início da década de 1990 um conjunto de variáveis operava no sentido da redefinição dos quadros conceituais da política externa brasileira. A pergunta que se coloca então é se durante a gestão de Fernando Henrique Cardoso (1995-2002) chegou a se constituir um novo paradigma diplomático. Ou se o período FHC apenas testemunhou uma alternância de prioridades, sem que se estabelecesse uma relação precisa entre autonomia e desenvolvimento ou que se definisse com clareza o significado de cada um desses conceitos dentro da agenda de política externa.

Ao iniciar seu primeiro mandato presidencial (1995-98), o presidente Fernando Henrique declarou seu projeto de encerrar a chamada Era Vargas, referindo-se ao modelo de desenvolvimento de ISI e à prática intervencionista do Estado, e com isto dando continuidade ao projeto que, desde Collor, começara a ser implementado. De fato, tanto o primeiro como o segundo mandato de FHC (1998-2002) foram caracterizados pela abertura econômica, privatização, liberalização das regras de comércio e responsabilidade fiscal. Para tanto, a estabilização macroeconômica conseguida através do Plano Real de 1994 gerara alto coeficiente de credibilidade internacional. No entanto, o aprofundamento da globalização financeira que intensificou de forma exponencial a ligação entre os diferentes mercados tornou o mundo muito mais vulnerável a situações de risco. Isso ficou especialmente evidente durante a crise mexicana em fins de 1994, a crise asiática em 1997 e a crise russa em 1998, que afetaram fortemente a economia brasileira.

Paralelamente, no plano da política externa, o governo FHC foi marcado pela intenção de influenciar o desenho da nova ordem internacional, intensificando a participação brasileira nos diversos foros decisórios multilaterais como a ONU e a OMC. Nesse sentido, procurou fortalecer a presença brasileira nos debates sobre as novas questões da agenda global, como meio ambiente e direitos humanos, inclusive apoiando a criação do Tribunal Penal Internacional. Nas palavras do ministro Luiz Felipe Lampreia (1995-2000), tratou-se da construção de um novo paradigma de política externa, por ele chamado de *paradigma pela integração.* Neste permaneceria o objetivo por maior autonomia, só que agora em articulação com o meio internacional. Para o chanceler tratava-se de um comportamento de *mainstream*, mas com atenção à especificidade do Brasil, tanto nos seus condicionamentos, quanto nos seus objetivos e interesses.

A meu ver, inauguramos, sem dúvida, um novo paradigma ao qual, entretanto, eu denominaria de *institucionalismo pragmático. Institucionalista* porque, sem chegar a negar algumas premissas básicas do realismo como a visão do sistema internacional como anárquico, a política externa brasileira se revestiu de uma visão que justificava e estimulava a adesão aos regimes internacionais e às instituições que os incorporam como solução para os problemas de ação coletiva. Enfim, em nome da diminuição dos custos de transação, redução de incertezas e busca da maximização de ganhos (absolutos) buscou-se o reforço da cooperação. No entanto, paralelamente a essa vertente, sobreviveu a visão realista clássica que percebe as relações internacionais como calcadas no princípio do auto-interesse e na busca por ganhos relativos. Esta duplicidade ocorreu não porque ainda estivéssemos numa fase de transição de paradigmas, mas porque na diplomacia brasileira estas visões se completavam.

Enfim, para resumir a linha de atuação diplomática desse governo podemos dizer que, por um lado, buscou-se reforçar a opção pelo fortalecimento das instituições multilaterais internacionais já que, por se autodefinir como país intermediário com recursos limitados de poder, supunha-se que a adesão às normas de regulação internacional lhe garantiria a preservação de espaços de autonomia; por outro, devido à mesma autopercepção e ao fato de resgatar a condição do país de membro de um subsistema de poder da periferia, supunha-se que neste sua atuação devesse ser calcada em princípios de poder, garantido-lhe por um lado maior autonomia e, por outro, maior respaldo no sistema global. Em outras palavras, a diplomacia brasileira do período FHC pareceu se pautar pela lógica da busca de ganhos absolutos no entorno global e, para isso a cooperação regional era enfatizada. Ou seja, a fim de exponenciar suas possibilidades de ganho, a participação nas instituições internacionais associada aos outros Estados de seu entorno regional aumentava a probabilidade de obtenção de ganhos absolutos. Por outro lado, no entorno regional a lógica foi a da busca de ganhos relativos, donde a resistência à criação do tribunal judicial para o Mercosul, por exemplo, ou a resistência ao aprofundamento da sua institucionalização, procurando preservar o diferencial de poder do país.

É nesse sentido que se insere o destaque dado ao processo de integração regional, afinal o Brasil já se tornara um pólo de articulação e de adesão de outros países, como o Chile e a Bolívia, ao Mercosul — ambos se tornaram membros associados em 1996 através da assinatura de acordos de livre-comércio —, assim como ponta de lança para a assinatura de acordos do Mercosul com outros países ou blocos, como a União Européia. Enfim, tal como quando foi criado, o Mercosul permaneceu como um instrumento de emprego da regionalização para lidar com a dinâmica da globalização. Mas, para FHC, foi também um meio de promover a liderança brasileira na região.

Por fim, deve-se mencionar o destaque da diplomacia presidencial ao longo da gestão de Fernando Henrique Cardoso, utilizada como um instrumento para incrementar relações de alto nível junto aos países industrializados, além de ter sido peça importantíssima em vários momentos do processo de integração sub-regional.

Considerações finais

Vimos que desde a proclamação da República a política externa brasileira vem sendo analisada a partir do que se identificou como seus dois paradigmas: o *americanismo* e o *globalismo.* Enquanto o *americanismo* foi definido como aquele que concebia os Estados Unidos como eixo da política externa, donde a maior aproximação a Washington elevaria os recursos de poder do país, aumentando assim sua capacidade de negociação; o *globalismo* foi concebido como uma alternativa ao anterior, elegendo a diversificação das relações exteriores do Brasil como condição para aumentar seu poder de barganha, inclusive junto aos Estados Unidos.

A rigidez com que ambos os paradigmas foram apresentados não implica em deixar de lado as *nuances* que formam a dinâmica da política e que foram responsáveis pela qualificação de, ao menos, um desses paradigmas por parte de estudiosos da política externa brasileira. Foi assim que o *americanismo* foi adjetivado de *pragmático* ou *ideológico* e a cada uma dessas vertentes atribuíram-se defensores e detratores. O *americanismo ideológico* seria construído a partir do privilégio dado a fatores de ordem normativa e de uma suposta convergência ideológica entre brasileiros e norte-americanos que justificavam a aliança aos Estados Unidos e teria vigido como paradigma hegemônico nos períodos 1946-51 e 1964-67. Já o *americanismo pragmático* seria aquele defensor do aproveitamento das oportunidades da aliança com Washington, cuja efetivação teria natureza predominantemente instrumental. Sua implementação teria ocorrido nos períodos 1902-45, 1951-61 e, finalmente entre 1967 e 1974.

Já a natureza plural e diversificada do paradigma *globalista* foi, por si só, responsável por impedir sua qualificação em tipos distintos. Afinal, como adjetivar um paradigma que, na prática, pregava a diversificação e o aproveitamento pragmático das oportunidades, senão de pragmático *tout court*? No entanto, há um componente distintivo das diversas fases em que o *globalismo* foi o paradigma hegemônico que nos ajuda a entendê-lo melhor.

Como já dito anteriormente, a origem do *globalismo* deve ser buscada na combinação da crítica nacionalista da matriz americanista da política externa, com a visão cepalina das relações centro-periferia e com a matriz realista das Relações Internacionais. Assim resguardada sua base realista comum, o *globalismo* pode ser dividido como de base *hobbesiana* e outro de base *grotiana*. Ou seja, no primeiro caso um *globalismo* que se sustentava na interpretação do sistema internacional como anárquico, tal como o estado de natureza de todos contra todos em que inexiste uma autoridade supranacional, um Leviatã. Daí a justificativa do princípio de autoajuda. E, no segundo caso, um *globalismo grotiano*, que, embora reconheça a anarquia do sistema, reconhece também que ele é normativamente regulado e que os Estados agem não apenas em busca de ganhos relativos, mas também absolutos.

Desta forma, àquela divisão da política externa por fases, acrescentaríamos a seguinte subdivisão: *americanismo pragmático* — 1902-45, 1951-61 e 1967-74; *americanismo ideológico* — 1946-51 e 1964-67; *globalismo grotiano* — 1961-64; e, finalmente, *globalismo hobbesiano* — 1974-90.

Pois bem, embora seja muitas vezes difícil admitir que o *americanismo* pudesse conjugar alinhamento e desejo de autonomia, toda vez que ele veio acompanhado de uma conotação pragmática, o que se viu de fato foi uma busca por garantir certos espaços de autonomia, mesmo que com larga margem de dependência aos Estados Unidos. Já com relação ao *globalismo,* é sabido que uma de suas marcas ao assumir sua conotação *hobbesiana* foi a adoção de uma distância qualificada — pragmática — no debate e na negociação dos principais temas do período da Guerra Fria justamente como forma de garantir autonomia. Mantinha-se o país aliado aos valores fundamentais do Ocidente, mas se evitava um engajamento automático. Da mesma forma, ao assumir uma vertente *grotiana* enfatizava-se a estratégia multilateral a fim de, pragmaticamente, diminuir os custos de transação na busca da maximização de ganhos absolutos.

Portanto, essa rápida passagem pelos paradigmas da política externa brasileira sugere a constância de uma concepção realista ao longo da história e, excetuando os curtos períodos em que o *americanismo ideológico* foi hegemônico, de uma forte dose de pragmatismo. Nesse sentido, também com Fernando Henrique Cardoso a política externa brasileira manteve sua histórica fidelidade aos princípios realistas na busca da autonomia. Sua satisfação, entretanto, passou a estar associada ao projeto de ajuste liberal da economia, que se traduziria pelos objetivos do país de negociar sua adesão aos regimes internacionais em vigor com vistas a aumentar sua capacidade de acesso a recursos financeiros e tecnológicos em direção ao maior desenvolvimento. Nesse sentido, a estratégia para satisfazer o desejo de autonomia percebida como condição de acesso ao desenvolvimento não poderia mais ser pela distância, mas, conforme seus proponentes, pela participação. Paulatinamente, esta foi ganhando condicionalidades. Aos poucos deixou-se para trás uma tendência adesista em favor de maior ponderação e pragmatismo.

Como se viu, a história nos revela que tanto o conceito de desenvolvimento quanto o de autonomia são socialmente construídos. Seja como for, não há dúvida que, como ressaltado por alguns diplomatas e analistas, a busca de autonomia continuou sendo uma constante da nossa política externa mesmo que por tal se tenham definições bastante diferentes — *autonomia na dependência*, *autonomia pela distância*, *autonomia pela participação* ou *autonomia pela integração*.

Por fim, gostaria apenas de fazer uma breve referência ao governo do presidente Luís Inácio Lula da Silva, que tem hoje o ministro Celso Amorim novamente à frente do Itamaraty. Nota-se desde o início dessa gestão uma tentativa de imprimir uma forte conotação política aos rumos da política externa. Assim, devemos estar atentos para examinar de que forma a herança deixada pelo governo FHC será reforçada ou substituída pelas novas prioridades domésticas agora calcadas num declarado projeto de centro-esquerda. Podemos também esperar que o viés autonomista mais uma vez se articule com o projeto de desenvolvimento e que, embora por meio de uma conduta pragmática, desta feita venha associado a um projeto redistributivo. Um esforço, enfim, de tornar a política externa mais um instrumento na busca de autonomia para a implantação de um projeto de desenvolvimento com justiça social.

Cronologia

1889

nov. Proclamação da República e posse do marechal Deodoro da Fonseca como chefe do governo provisório. O ministro das Relações Exteriores é Quintino Bocaiúva.

1902

nov. Posse do presidente da República Rodrigues Alves. José Maria da Silva Paranhos Jr., o barão do Rio Branco, é o ministro das Relações Exteriores.

1903

nov. Assinatura do Tratado de Petrópolis com a Bolívia, incorporando a região do Acre ao território brasileiro.

1907

jul. Rui Barbosa preside a delegação brasileira na Segunda Conferência de Paz de Haia.

1912

fev. Falecimento do barão do Rio Branco. Posse do ministro das Relações Exteriores Lauro Severiano Muller.

1914

ago. Eclode a Primeira Guerra Mundial.

1917

out. Brasil declara guerra à Alemanha.

1918

nov. Termina a Primeira Guerra Mundial.

1919

abr. Criação da Liga das Nações e eleição do Brasil para um assento não-permanente no Conselho Executivo.

1926

jun. Brasil se retira da Liga das Nações.

1929

out. Quebra da bolsa de Nova York.

1930

out. Deposição do governo Washington Luís. Getúlio Vargas assume o Governo Provisório da Revolução de 1930.

1937

nov. Instalação do Estado Novo.

1939

set. Começa a Segunda Guerra Mundial.

1942

jan. Realização da 3ª Reunião de Consulta dos Ministros das Relações Exteriores das Repúblicas Americanas no Rio de Janeiro.

ago. Brasil declara guerra à Alemanha e à Itália.

1943

nov. Criação da Força Expedicionária Brasileira (FEB).

1945

mai. Rendição da Alemanha.

ago. Rendição do Japão.

1946
mar. Criação do Instituto Rio Branco.

1947 Início da Guerra Fria.
out. Rompimento das relações diplomáticas do Brasil com a URSS.

1954
ago. Suicídio do presidente Getúlio Vargas.

1958
jun. Anúncio pelo presidente Juscelino Kubitschek da Operação Pan-Americana (OPA).

1961
ago. Renúncia do presidente Jânio Quadros.

1964
mar. Golpe militar depõe o presidente João Goulart. O general Humberto de Alencar Castelo Branco assume a presidência da República.
mai. Rompimento de relações diplomáticas com Cuba.

1968
jul. Brasil recusa-se a assinar o Tratado de Não-Proliferação Nuclear (TNP).

1970
abr. Transferência do Ministério das Relações Exteriores para Brasília.

1974
ago. Estabelecimento de relações diplomáticas do Brasil com a República Popular da China.

1975

jun. Assinatura do Acordo de Cooperação Nuclear Brasil-Alemanha Ocidental.

nov. Reconhecimento da independência de Angola.

1979

out. Acordo sobre Itaipu e Corpus entre Brasil, Argentina e Paraguai.

1985

nov. Assinatura da Declaração de Iguaçu entre Brasil e Argentina.

1986

jul. Restabelecimento das relações diplomáticas com Cuba; assinatura da Ata de Integração Brasileiro-Argentina.

1988

nov. Assinatura do Tratado de Integração, Cooperação e Desenvolvimento entre Brasil e Argentina.

1989

nov. Fim da Guerra fria.

1991

mar. Assinatura do Tratado de Assunção por Argentina, Brasil, Paraguai e Uruguai criando o Mercosul.

1992

jun. Conferência das Nações Unidas para o Meio Ambiente e o Desenvolvimento (ECO-92).

1994

dez. Assinatura do Protocolo de Ouro Preto mantendo a estrutura intergovernamental do Mercosul.

1995

jan. Entra em vigor a União Aduaneira do Mercosul, com a adoção da Tarifa Externa Comum.

1998

set. Adesão brasileira ao Tratado de Não-Proliferação Nuclear (TNP).

2003

jan. Posse do presidente Luís Inácio "Lula" da Silva; ministro das Relações Exteriores: Celso Amorim.

Referências e fontes

• A referência sobre a *republicanização* da política externa brasileira (p.16) é de autoria de Amado Cervo e Clodoaldo Bueno (*História da Política Exterior do Brasil*, São Paulo, Ática, 1992).

• As referências sobre a história institucional do Itamaraty (p.19-20, 27, 41 e 42) foram todas retiradas do trabalho de autoria de Zairo Borges Cheibub, "Diplomacia e construção institucional: o Itamaraty em uma perspectiva histórica", *Dados — Revista de Ciências Sociais*, Rio de Janeiro, vol. 28, n.1, 1985, p.113-31.

• A expressão *eqüidistância pragmática* (p.23 e 31) foi cunhada por Gerson Moura no livro *Autonomia na dependência* (Rio de Janeiro, Nova Fronteira, 1980). Da mesma forma, a idéia de que o Brasil se autopercebia como *aliado especial* dos Estados Unidos (p.28, 30, 31-2 e 40) é originária da reflexão de Moura em seu livro *Sucessos e ilusões* (Rio de Janeiro, Ed. FGV, 1991). Ainda de Moura é a explicação sobre a política externa de JK como de "avanços e recuos" que, reproduzida na p.32-3, encontra-se no artigo "Avanços e recuos: a política exterior de JK", in Angela M. de Castro Gomes (org.) *O Brasil de JK* (Rio de Janeiro, Ed. FGV/CPDOC, 1991, p.23-43). Por fim, na p.68 recupero o termo *autonomia na depen-*

dência, também de Moura, no livro com título homônimo acima citado.

• A expressão *barganha nacionalista* (p.29) foi utilizada por Monica Hirst em "A política externa do Segundo Governo Vargas (1951-54)", in.: José Augusto G. Albuquerque. *Sessenta anos de política externa brasileira, 1930-1990*, vol.1. São Paulo, Núcleo de Pesquisa em Relações Internacionais da USP/Cultura Editores Associados, 1996, p.211-230.

• O termo *negligência benigna* que define a política externa norte-americana para a América Latina na década de 1950 (p.30) foi tomado de empréstimo da tese de doutorado John Child *The Inter-American Military System* (Ann Arbor University, Microfilms International, 1979).

• A periodização da Política Externa Independente (p.35) é de autoria de José Humberto de Brito Cruz e encontra-se no seu artigo "Aspectos da evolução da diplomacia brasileira no período da 'Política Externa Independente'", in Sérgio França Danese (org.) *Ensaios de história diplomática do Brasil (1930-1986)*, Brasília, Funag, Ipri, 1989, p.65-78.

• A afirmação de que ao tempo do governo Médici vigorava a crença de que nada precisava ser alterado no sistema internacional, a não ser a posição de que nele o Brasil ocupava (p.42), é de Carlos Estevam Martins ("A evolução da política externa brasileira na década 64/74", *Estudos Cebrap*, n.12, 1974, p.55-98).

• A tese de que a política externa brasileira durante a segunda metade do regime militar buscava a *autonomia pela distância* (p.46 e 68) e a expressão *autonomia pela participação* (p.56 e 68), encontram-se no livro do diplomata Gelson Fonseca Jr. *A legitimidade e outras questões internacionais* (Rio de Janeiro, Paz e Terra, 1998).

• O resumo sobre o processo de criação do Mercosul (p.54-5) foi feito a partir da consulta ao CD-Rom *Diplomacia brasileira*, organizado por Monica Hirst com a participação de Bruno de Moura Borges e produzido pelo Ministério das Relações Exteriores.

• A expressão "modernização pela internacionalização" (p.56) é de autoria de Adam Przeworski e foi utilizada por Maria Regina Soares de Lima no seu artigo "Ejes Analíticos y Conflicto de Paradigmas en la Política Exterior Brasileña", *América Latina/Internacional*, vol.1, n.2, otoño/invierno 1994, p.27-46. É também neste artigo que a autora elabora a tese de que, no Brasil, o grau de autonomia da diplomacia depende da autorização presidencial a que me refiro na p.47.

• A definição da política externa brasileira como pautada pelo *paradigma pela integração* (p.61) é de autoria do ex-ministro Luiz Felipe Lampreia e encontra-se na coletânea de seus discursos, artigos e entrevistas sob o título *Diplomacia brasileira — palavras, contextos e razões* (Rio de Janeiro, Lacerda Editores, 1999).

• Por fim, a cronologia da política externa brasileira foi feita a partir de minhas pesquisas anteriores, assim como das Cronologias de Eugênio Vargas Garcia em *O Brasil e a Liga das Nações (1919-1926).* (Porto Alegre, Ed. UFRGS, 2000); e de Monica Hirst no CD-Rom *Diplomacia brasileira* acima citado.

Sugestões de leitura

Os termos *americanismo* e *globalismo* são centrais para se entender a política externa brasileira e se tornaram referências indispensáveis na literatura. Alguns analistas e operadores de política externa destacam-se por haver conseguido defini-los e utilizá-los de modo exemplar, a saber: Gerson Moura e Maria Regina Soares de Lima ("A trajetória do pragmatismo", in *Dados — Revista de Ciências Sociais,* vol.25, n.3, 1982, p.349-63), sendo desta autora também o artigo "Ejes analíticos y conflicto de paradigmas en la política exterior brasileña", *América Latina/Internacional,* vol.1, n.2, otoño/invierno 1994, p.27-46; Rubens Ricúpero, com seu *Visões do Brasil — ensaios sobre a história e a inserção internacional do Brasil* (Rio de Janeiro, Record, 1995) e Alexandra de Mello e Silva ("O Brasil no continente e no mundo: atores e imagens na política externa contemporânea", *Revista Estudos Históricos,* vol.8, n.15, 1995, p.95-118).

Para compreender a política externa da Primeira República, recomendo a leitura do livro de Amado Cervo e Clodoaldo Bueno citado nas Referências e fontes, assim como o livro de Bradford Burns *The Unwritten Alliance: Rio Branco and Brazilian-American Relations* (Nova York/Londres, Columbia University Press, 1966). Sobre o período que vai de 1930 a 1950, as melhores referências ainda são as duas obras do historiador Gerson Moura que se encontram nas Referências e fontes.

Entrando no período em que a Guerra Fria teve papel central na definição dos rumos da política externa brasileira, sugiro a leitura do livro de Paulo Vizentini, *Relações Internacionais e Desenvolvimento* (Petrópolis, Vozes, 1995), além dos já citados capítulos de Monica Hirst ["A política externa do segundo Governo Vargas (1951-54)"] e de Gerson Moura ("Avanços e recuos: a política exterior de JK").

Para entender a política externa brasileira do regime militar sugiro a leitura de outro livro de Paulo Vizentini: *A política externa do regime militar brasileiro* (Porto Alegre, Ed. da Universidade/UFRGS, 1998) e dos artigos de Carlos Estevam Martins, cuja referência completa encontra-se nas Referências e fontes, e de Gerson Moura e Maria Regina Soares de Lima (ver acima).

A política externa do período que se inaugura com a chamada Nova República pode ser estudada por inúmeras coletâneas publicadas em formato de livros e artigos publicados em periódicos nacionais e estrangeiros. Dentre estes, recomendo em particular os de autoria de Maria Regina Soares de Lima, Monica Hirst, Celso Lafer, Flávia Campos Mello, Tullo Vigevani, Luiz Pedone e Gelson Fonseca Jr. Para entender o processo de integração regional, um capítulo à parte na história da política externa brasileira, sugiro a leitura dos artigos de Sonia de Camargo publicados no periódico *Contexto internacional* (Rio de Janeiro, PUC, Instituto de Relações Internacionais) e o livro de Alcides Costa Vaz *Cooperação, integração e processo negociador: a construção do Mercosul* (Brasília: Fundação Alexandre de Gusmão, Ipri, 2002).

Recomendo igualmente algumas coletâneas que cobrem todo o período republicano seja por meio de uma abordagem histórica, seja por meio da análise de temas específicos, com capítulos assinados por analistas e operadores da política externa brasileira, como a organizada em dois volumes por Gelson Fonseca Jr. e Sergio Henrique N. de Castro, *Temas de Política Externa Brasileira II* (São Paulo, Paz e Terra, 1994); *Sessenta anos de política externa brasileira* por José Augusto Guilhon de Albuquerque, 4 vols. (São Paulo, Cultura Editores Associados/Núcleo de Pesquisa em Relações Internacionais da USP, 1996); e o já citado CD-Rom *Diplomacia brasileira.*

Por fim, recomendo a leitura de entrevistas e depoimentos de políticos, diplomatas e militares que, em diferentes momentos, estiveram à frente do processo de formulação da política externa brasileira. Dentre estes cabe sem dúvida destacar: *Na diplomacia, o traço todo da vida* (Rio de Janeiro, Record, 1992), de Mario Gibson Barbosa; *Diplomacia em alto-mar — depoimento ao CPDOC.* (Rio de Janeiro, FGV, 1994), de Vasco Leitão Tristão da Cunha (Rio de Janeiro, Ed. FGV, 1997), de Ernesto Geisel; *Lembranças de um empregado do Itamaraty* (São Paulo, Siciliano, 1992), de Ramiro Saraiva Guerreiro e *Diplomacia, política, finanças: de JK a Collor 40 anos de história por um de seus protagonistas* (Rio de Janeiro, Objetiva, 2001), de Marcílio Marques Moreira.

Sobre a autora

Em 1982, após concluir a graduação em ciências sociais na Universidade Federal Fluminense (UFF), Leticia Pinheiro foi convidada a integrar o Programa de Relações Internacionais do Centro de Pesquisa e Documentação de História Contemporânea do Brasil (CPDOC/FGV) como assistente de pesquisa. Ingressou então no mestrado em Relações Internacionais da PUC-Rio, analisando em sua dissertação a posição brasileira sobre o processo de descolonização africana. Em 1989, iniciou seu doutorado em Relações Internacionais na London School of Economics. Em sua tese analisou o processo de formulação da política externa brasileira durante o governo Ernesto Geisel.

De volta ao Brasil, em 1993, retomou suas funções de pesquisadora do CPDOC/FGV onde se dedicou a analisar o impacto da redemocratização do regime brasileiro sobre a formulação e o conteúdo da política externa. Em 1997, o Instituto de Relações Internacionais da PUC-Rio a convidou a integrar sua equipe. Desde então, dedica-se a pesquisas sobre transição democrática e política externa e sobre a política externa brasileira contemporânea, além de ministrar as disciplinas de Política Externa Brasileira, Análise de Política Externa e Teoria das Relações Internacionais, dentre outras, para as turmas de mestrado, de doutorado e de graduação em Relações Internacionais.

Coleção Descobrindo o Brasil

direção: Celso Castro

ALGUNS VOLUMES JÁ PUBLICADOS:

A modernização da imprensa (1970-2000)
Alzira Alves de Abreu

Os intelectuais da educação
Helena Bomeny

A era do rádio
Lia Calabre

A invenção do Exército brasileiro
Celso Castro

O Estado Novo
Maria Celina D'Araujo

Política externa e meio ambiente
Lílian C.B. Duarte

O livro e a leitura no Brasil
Alessandra El Far

Os índios antes do Brasil
Carlos Fausto

Os brasileiros e a Segunda Guerra Mundial
Francisco César Ferraz

Rebeliões no Brasil Colônia
Luciano Figueiredo

O Rio de Janeiro que Hollywood inventou
Bianca Freire-Medeiros

Palmares, ontem e hoje
Pedro Paulo Funari e Aline Vieira de Carvalho

A arte rupestre no Brasil
Madu Gaspar

As formas do espaço brasileiro
Pedro Geiger

Cidadania e direitos do trabalho
Angela de Castro Gomes

Negros e política (1888-1937)
Flávio Gomes

Como falam os brasileiros
Yonne Leite e Dinah Callou

Uma viagem com Debret
Valéria Lima

O nascimento da imprensa brasileira
Isabel Lustosa

Escravidão e cidadania no Brasil monárquico
Hebe Maria Mattos

O sindicalismo brasileiro após 1930
Marcelo Badaró Mattos

O período das Regências (1831-1840)
Marco Morel

Rio, cidade-capital
Marly Motta

Da Bossa Nova à Tropicália
Santuza Cambraia Naves

Arqueologia da Amazônia
Eduardo Góes Neves

O Brasil dos imigrantes
Lucia Lippi Oliveira

Política externa brasileira
Leticia Pinheiro

Literatura policial brasileira
Sandra Reimão

O Império em procissão
Lilia Moritz Schwarcz

A fotografia no Império
Pedro Karp Vasquez